Couvertures supérieure et inférieure
manquantes

# M. ARMAND RIVIÈRE

## ET

# LES PROCESSIONS

# ? ? ?

PAR

## M. F. RIOU

*Auteur des Considérations sur l'état politique et moral de la France,
du Voyage à Chambord, etc., etc.*

---

## TOURS

ERNEST MAZEREAU ET C<sup>ie</sup>

IMPRIMEURS-LIBRAIRES

11, passage Richelieu, 11

—

1866

Dam, aussi! cher monsieur Rivière, vous devez en convenir, c'est votre faute, et de la part qui vous est faite aujourd'hui vous ne pouvez accuser que vous-même. Pourquoi avez-vous été trop confiant dans votre destinée et si imprudent que de compter sans l'avenir, que rien n'empêche d'arriver, tôt ou tard? Pourquoi encore vous conduisez-vous dans notre province, qui n'est vôtre, comme en un pays conquis, et vous y êtes-vous posé de prime abord, sans façon aucune, en souverain dominateur? Pourquoi enfin nous traitez-vous de haut, comme nous tenant sous le talon de votre botte, nous autres Tourangeaux, bonnes gens simples comme leur vie, doux comme l'air qu'ils respirent, au témoignage d'Alfred de Vigny? C'est bien le cas de dire, à la manière du naïf écuyer de don Quichotte : « Plus vous êtes bon, plus le loup vous mange! » La modestie, paraît-il, n'est pas votre défaut capital, et vous n'avez pas non plus cette aimable simplicité qui accompagne le mérite, comme l'ombre suit le soleil.

A Dieu ne plaise que l'esprit de nationalité m'aveugle au point de croire que nul coin de la terre n'est comparable à celui que j'habite! Mon patriotisme de clocher ne va pas jusque-là, et je ne m'en laisse pas même imposer par le joli surnom de Jardin de la France. Tout pays a ses avantages qui lui sont propres, et par lesquels il le dispute avec un autre. Mais, si l'Anjou, par exemple, s'honore d'avoir produit Armand Rivière, pour ne mentionner que celui-ci, la Touraine se glorifie d'avoir vu naître François Rabelais, pour ne citer que celui-là. Il est bien entendu que les saines doctrines et les bonnes mœurs n'entrent pour rien dans la comparaison; qu'il s'agit seulement de valeur intellectuelle et de portée littéraire, voire même philosophique, ajouterait M. Guizot.

Quand, pour quelque motif que ce soit, vous importâtes vos dieux lares chez nous, vous étiez, m'a-t-on dit, au début de votre carrière d'avocat. Ce n'était pas une légère besogne que celle de vous y faire une réputation qui vous amenât promptement une nombreuse et riche clientèle; car la renommée n'avait encore publié aucune pièce de votre éloquence, et nous ne connaissions rien du tout de vos faits et gestes. Aussi guettâtes-vous, dès ce moment, l'occasion de vous mettre en relief, comme le chat guette la souris. Passez-moi cette image, ou comparaison, triviale comme un carrefour, je le sais, banale comme les pavés de la rue, mais qui servira, j'espère, à me faire entendre de tous et de chacun.

D'ailleurs, les écrivains et les avocats eux-mêmes n'auraient plus qu'à dormir tout le long du jour, s'il leur était interdit de reproduire les pensées et les expressions de leurs devanciers. Bien que dès le temps de Salomon il n'y eût rien de nouveau sous le soleil, ce sage ne prétendait pas qu'on dût, à l'avenir, ne plus vivre que dans un silence absolu et morne. Et voilà pourquoi, sans doute, on s'en est donné à cœur joie après, comme avant et pendant, de causer, de discourir et d'écrire, au risque de répéter perpétuellement les mêmes sottises.

Donc, et pour couper court à cette digression déjà trop longue, quoique bien courte, mais qui n'est pas finie, vous étiez en quête du moyen de vous mettre en lumière, de faire parler de vous quand même. Vous cherchiez votre voie pour arriver à la fortune par votre état, et le hasard, qui paraît quelquefois si intelligent qu'on l'a surnommé l'homme d'affaires de la Providence, dut vous persuader, un beau jour, que vous l'aviez trouvée au gré de votre désir.

Dès son arrivée à Tours, Mgr Guibert forma le plan gigantesque, digne de sa haute piété, de faire sortir de ses ruines la célèbre basilique de Saint-Martin, où, durant une longue suite de siècles, étaient venus tant de pèlerins, de toutes les parties de la chrétienté, vénérer les reliques du glorieux thaumaturge des Gaules. C'était là, sans doute, une occasion telle que vous la souhaitiez, et derrière laquelle vous étiez comme embusqué, vous qui avez un air à tout mettre en poudre, et qui paraissez croire, comme les enfants, que le beau c'est de briser tout.

Il y a certainement quelque chose à redire au plan de Mgr l'archevêque, et l'on pouvait y opposer des fins de non-recevoir sur lesquelles le sens droit qui caractérise Sa Grandeur lui eût fait passer condamnation. Car enfin, cher Monsieur, un évêque n'est pas plus obligé qu'un avocat de s'abdiquer lui-même, de répudier la saine raison, le sens commun, la justice naturelle.

Si, dès l'abord de la question relative à l'église St-Martin, au lieu de l'accueillir d'enthousiasme, par un vote d'urgence, le conseil municipal de cette époque l'avait repoussée par de sages, de justes remontrances, il n'est pas douteux que Mgr Guibert, étranger à la ville de Tours, ne se fût désisté de sa demande.

Puisque déjà vous étiez armé de toutes pièces et de pied en cap, prêt à vous en aller en guerre comme un preux des anciens temps, à courir les aventures comme un de ces chevaliers du moyen âge que le génie de Michel Cervantes a frappés d'un ridicule immortel, à vous créer des fantômes, des monstres imaginaires, pour vous donner le futile plaisir de les combattre à outrance, vous aviez là en main, par suite de ce vœu qui a pu vous causer quelque surprise, une belle boule à jouer, une cause intéressante à plaider, une sorte de mine à exploiter au profit de votre renommée naissante. Et que sait-on si de ce point de départ ne dépendait pas votre fortune, bonne ou mauvaise? Si peu de chose, parfois, décide de notre sort pour la vie ! Et ce peu de chose échappe toujours à notre prévoyance, si clairvoyants que nous puissions être, fussions-nous même doués de la vue perçante d'Asmodée.

Mais encore deviez-vous prendre l'attitude d'un homme grave, mûri par l'étude qui a illustré Papinien, Barthole, Cujas, Domat et tant d'autres ; vous poser comme un avocat sérieux, digne de la confiance de ses clients. Vous aviez de si bonnes raisons à objecter au projet de rebâtir le temple de Saint-Martin, tel qu'il était avant le cataclysme révolutionnaire, que vous avez joué de malheur en les esquivant, pour ainsi dire, et en vous attachant de préférence à soutenir une thèse subsidiaire, à laquelle personne ne s'attendait, et à propos de laquelle vous ne pouviez obtenir des applaudissements que de la part des indifférents, et des sympathies que du côté des sceptiques. Vous avez fait là ce que les Anglais appellent une bêtise sterling, parce qu'elle en vaut plus de vingt à elle seule. Et cette bêtise n'a-t-elle pas compromis votre avenir ? Vous aviez sans doute oublié ce que dit Hésiode, que souvent la moitié vaut mieux que le tout (πλέον ἥμισυ παντός). Car je suppose que vous savez cette maxime, puisque d'Aguesseau ne permet point qu'on mette des bornes à la science de l'avocat. Mais, quoique persuadé que vous n'avez pas, comme M. de Pourceaugnac, étudié le droit dans les romans, je vous soupçonne fort d'être un de ceux dont parle M<sup>me</sup> de Staël et qui tâchent d'escamoter le succès plutôt qu'ils ne veulent le conquérir.

Prenant le bruit pour la gloire, ou plutôt moins soucieux des intérêts de la cité de Tours que de votre affaire personnelle, vous avez cru devoir, pour mieux faire mousser celle-ci, populariser votre nom par tout moyen, *per fas et nefas*, en essayant, par exemple, de recommencer Voltaire et Diderot, et en excitant le rire de la foule désœuvrée, même aux dépens du bon sens. Et sans égard pour les bienséances ni respect pour les convenances, dont vous ne possédez pas à fond les us et coutumes, vous avez sacrifié à votre cupidité propre la mémoire impérissable de l'un des plus grands évêques du monde. A propos du projet de réédification d'une église, vous avez, éducateur populaire, insulté à la foi de tous les siècles, raillé à votre manière la croyance des deux cent millions de catholiques, dans la personne du saint en l'honneur de qui l'on voulait reconstruire cette église. Mais je vous assure que vous n'avez réussi qu'à vous mettre vous-même au ban de l'opinion, qu'à vous clouer au pilori. Car je sais pertinemment que jusque dans les cafés, les estaminets, les cabarets, on vous a rendu justice, en disant que votre réquisitoire, ou diatribe, est une œuvre de mauvaise foi, celle d'un mauvais plaisant. Aussi le seul bien qui soit sorti net et clair de votre scandaleuse brochure c'est d'avoir persuadé à quelques vieilles filles dévotes de ne se plus montrer vêtues de robes blanches, comme pour défier le ciel, le 11 novembre, à la procession de saint Martin, et de rembrunir leur vêtement pour s'harmoniser davantage avec les tristesses de la saison. Mais, en vérité, cela valait-il que vous fissiez tant de tapage?

Je vous accorde qu'à l'endroit de ces pauvres filles, le rire a été un moment de votre côté; mais ce triomphe aussi frivole que facile a duré peu, et le rire s'est tôt retourné contre vous, non pas seulement dans ce qu'on appelle la bonne compagnie, mais encore parmi ceux qui hantent les tabagies et les estaminets, ces gens-là ayant le droit d'avoir autant et plus d'esprit que vous, j'ose le dire sans croire vous faire injure.

Voilà tout juste ce qui vous est revenu de votre ballon d'essai, de votre libelle diffamatoire, qui a émotionné, mouvementé, durant un jour, le pacifique populaire tourangeau. Vous n'avez été pris au sérieux par personne, mais bel et bien en détestation par de pieuses filles, jeunes ou vieilles, qui jusqu'alors regardaient le blanc comme l'emblème obligé, le symbole naturel de la pureté virginale, même en plein hiver, et qui ne se doutent pas encore, à l'heure qu'il est, que cette couleur, en réfléchissant sous les rayons de la lumière et n'en absorbant aucun, les expose elles-mêmes aux pleurésies, aux péripneumonies, à la phthisie pulmonaire et autres affections pathologiques de ce genre mauvais.

Ah ! si vous saviez, cher Monsieur, l'effroi que leur inspire le nom de Rivière, à votre tour, vous les prendriez en commisération, j'imagine. A peine se trouverait-il un autre nom, entre tous ceux qui rappellent les ennemis les plus enragés de la religion chrétienne, qui leur soit plus malsonnant. Jamblique, Porphyre, Julien l'Apostat, dont elles ont peu ou point entendu parler, seraient à leurs yeux, en comparaison de vous, des petits saints à mettre en niche. Et Diderot, d'Holbach, Voltaire, qu'elles ne connaissent guère plus, si tant est qu'elles aient parfois entendu prononcer ces autres noms-là, leur causeraient moins d'horreur. Croquemitaine, le loup de la forêt, effraient moins les enfants, et elles voient en vous un de ces hommes qu'on se figure sous des traits de fer et de bronze, un homme terrible comme il n'en fut jamais. Qui sait même si, dans leur for intérieur, d'aucunes ne seraient pas bien aises qu'on en vînt à vous courir sus ? Il est probable que celles qui vous connaissent de vue font plus d'un signe de croix à votre rencontre, en reculant comme à l'aspect de la Gorgone, et vous pouvez être sûr, chose qui ne vous vint tant seulement pas dans l'esprit, que, s'il leur arrive un jour d'avoir quelque démêlé avec la justice, ce n'est pas à vous qu'elles commettront la défense de leur cause.

Vous voyez bien que vous avez fait fausse route, sciemment ou sans le voûloir, que vous vous êtes fourvoyé par vos efforts même, pour vous rendre célèbre dans votre condition. Aussi bien votre popularité de bas étage n'empêche-t-elle pas vos actions d'être en baisse. Loin de répondre, en effet, à l'idée que les anciens nous donnent de l'avocat, qu'ils définissent un homme de bien, habile dans l'art de parler, vous agissez de telle sorte, que l'on vous considère comme un de ceux qui ne respectent personne parce qu'ils ne se respectent pas eux-mêmes. Eh ! de bonne foi, quelle estime peut-on faire de ces tapageurs, aboyeurs, casseurs d'assiettes et de vitres, enfonceurs de portes ouvertes, fanfarons de vices, et autres gens de cette espèce, qui tâchent d'être pires qu'ils ne sont et qui prétendent par là se rendre intéressants ? Mais aussi quelle opinion faut-il avoir de vous, qui, pour vous recommander auprès de la partie intelligente et honnête de la population tourangelle, cherchez surtout, et avant tout, à plaire à ces gens-là, en vous faisant vous-même pourfendeur de moulins à vent ?..... *Quæ te dementia cepit ?*

Du reste, et en somme, si vous éprouvez quelque mécompte en Touraine, c'est, apparemment, que vous avez pris le change sur nous, lorsque vous êtes venu y dresser votre tente. On vous avait persuadé, sans doute, que nou étions encore plus bêtes que nous ne le sommes en réalité. Ainsi, vous vous flattiez, peut-être, que nous vous suivrions comme des moutons de Panurge, et que, recevant toutes vos paroles comme des oracles, nous n'aurions d'autres sentiments et d'autres pensées que les vôtres. C'est que, voulez-vous que je vous le dise ? ne réfléchissant pas plus qu'un homme vulgaire, vous aurez été trompé sur notre compte par la carte scientifique de la France qu'a publiée, il y a quelque trente ans, le baron Charles Dupin. Oui, la statistique, cette science chère aux flâneurs, nous a diffamés dans l'opinion, sans le vouloir ni le savoir, peut-être, en constatant bien haut que le département d'Indre-et-Loire est, relativement, celui qui a le moins d'écoles où les petits garçons et les petites filles vont apprendre à lire et à écrire. De là cette réputation qui nous est acquise auprès des ignorants, d'être les Béotiens de la France. Car enfin il faut être bête soi-même et ne savoir rien de rien, comme l'âne de la fable, pour tirer une pareille induction du tableau synoptique de l'illustre statisticien.

Est-ce que vous croyez, par hasard, que l'esprit dépend du

savoir? Mais, au contraire, s'ils ne s'excluent pas, encore moins l'un suppose-t-il l'autre; et Montesquieu, juge expert, va jusqu'à dire que savant et homme d'esprit se trouvent rarement ensemble. Au temps où les Duguesclin, les Bayard, signaient avec le pommeau de leur épée, faute de savoir écrire, les hommes avaient autant d'esprit, de génie même, que ceux du temps actuel, parce que ces facultés sont natives, et non acquises. S'il est vrai que la Touraine soit la province de France où il y ait, relativement, le moins d'écoles, c'est un fait acquis à l'histoire, que, proportion gardée, eu égard à son peu d'étendue, elle est celle qui a produit le plus de célébrités en tout genre, et je vous avoue ingénument que mon amour-propre en est quelque peu flatté. D'ailleurs, la Béotie, réputée pour la lourdeur intellectuelle de ses indigènes, a donné à la Grèce Epaminondas et Pindare. Ce serait grande honte à la France que sa plus belle province ne fournît pas quelqu'un pour vous apprécier à votre juste valeur.

A moins que vous ne croyiez avoir mission de faire avancer le monde dans la voie que lui ont frayée et où l'ont poussé les philosophes du dernier siècle, on ne s'explique pas votre persistance à nous fatiguer de vos homélies philosophiques ou anti-religieuses, politiques ou anti-sociales, qui sont aujourd'hui comme des hors-d'œuvre, vu l'obstination des hommes à rester dans l'ornière creusée par les siècles. On ne peut non plus ne pas rire de l'inutilité de vos soins pour faire progresser la société en dépit d'elle-même, quand elle paraît faire deux pas en arrière, en ayant l'air d'en faire un en avant, comme les pèlerins de l'Inde. Ne croyez pas que je pense seulement à calomnier le genre humain. A Dieu ne plaise! Mais l'humanité, voyez-vous, a la tête si dure, qu'il est bien difficile d'y implanter une idée étrangère à celles qui constituent en quelque sorte sa nature morale, essentiellement mauvaise ou déchue, il n'importe. Toujours est-il que, pour aller à l'âge d'or, il faut que vous reculiez; Joseph de Maistre vous le signifie. Que si vous récusez cette autoritélà, tant pis pour vous ; car elle est une des plus imposantes et des plus respectables que je puisse vous alléguer. La bonne volonté à ses colonnes d'Hercule, et d'autres, plus habiles que vous, sont morts à la peine, dans l'entreprise de convertir le monde à leurs idées. C'est pourquoi vous avez chance, à votre tour, d'aller de vie à trépas sans avoir vu le triomphe des utopies plus ou moins impraticables et rêveuses de votre coin du feu. Êtes-vous bien de votre temps, et le comprenez-vous, quand vous agissez comme si nous en étions à refaire le monde ?

Cependant, de même que si vous étiez rivé à cette besogne, rien ne vous arrête pour aider à la diffusion des lumières, à la marche de la civilisation. Obstiné comme un moine et ardent comme un inquisiteur, quoique n'aimant pas plus celui-ci que celui-là, vous êtes d'un zèle infatigable, d'un courage invincible, et l'ardeur qui vous anime pour faire triompher ce qui est à vos yeux la bonne cause, vous emporte au-delà même des règles de la *prudence* et des lois de la modération, jusqu'à vous compromettre dans la pensée de beaucoup de ceux qui souscrivent en partie à vos idées, mais qui n'ont pas votre tempérament fougueux, ultra-sanguin. Fussiez-vous le dernier sur la brèche, vous vous y tiendriez encore opiniâtrement, si je ne me trompe, pour donner l'alerte au monde, en lui annonçant du moins que c'en est fait à jamais de la liberté, de l'égalité et de la fraternité, heureux vous-même de périr victime de votre dévouement, d'être le martyr de la vérité méconnue, incompris ! Quoique vous n'aimiez pas les moines, permettez que je vous le dise, vous nous rappelez celui de Saragosse, qui, lors du sac de cette ville, en 1808, sauf erreur, se tint au haut du clocher de son couvent pour sonner l'alarme, et avertir les malheureux habitants que le bombardement allait commencer.

Vous usez ou abusez du moindre prétexte, vous saisissez aux cheveux le plus léger motif, vous faites d'un grain de sable une montagne ; vous profitez passionnément de tout, pour causer du scandale et faire du bruit. Et cet abus, vous le commettez au nom de la liberté, de l'égalité et de la fraternité, sans crainte ni souci de l'impitoyable syllogisme. A défaut même du réel, vous vous escrimez d'estoc et de taille dans le vide, contre des chimères par vous créées, pour donner l'éveil à je ne sais qui, pour tenir en haleine ceux de votre parti ou faction, comme si quelque Catilina était aux portes, et vous employez une massue pour écraser une mouche. Je ne me charge pas d'énumérer vos faits d'armes, vos exploits de ce genre, de compter les lances que déjà vous avez rompues pour la défense de la cause dont vous vous êtes déclaré le champion. Ce serait un dénombrement à ennuyer Homère, et qui m'amuserait bien peu, je le prévois et le pressens. Ce me serait pourtant, au dire de certaines personnes qui m'accusent d'aimer la critique, un beau texte à développer, un champ fertile à cultiver, une riche mine à exploiter. Mais, si amateur qu'on me suppose être de la critique, je vous certifie que j'y préfère de beaucoup mon repos; car je n'aime d'ailleurs ni le bruit ni le mouvement. Cette fois, je ne romps de rechef, un moment, avec mes habitudes, je ne sors de ce repos qui m'est si cher, que pour vous informer qu'il y a plus d'un homme en Touraine qui vous a compris, et qui serait habile à se mesurer contre vous, non avec l'épée, cette manière brutale et barbare étant, grâce à Dieu, passée de mode, mais avec la plume, afin de vous enlever votre masque.

Je ne songe pas le moins du monde, je vous assure, à vous attaquer par tous les endroits vulnérables de votre cuirasse; mon papier et ma plume en grinceraient d'indignation. Mais souffrez que je vous reproche d'en user envers nous comme on fait à l'égard des enfants qu'on veut instruire en les amusant par des contes de fées. Encore ces contes-là ont-ils le mérite de l'invention, et sont-ils, à cause de leur valeur morale et de leur portée littéraire, un titre de gloire telle quelle pour Perrault. Les vôtres, contes bleus à faire dormir debout, n'ont seulement pas le mérite de la vraisemblance propre à donner le change aux lecteurs du premier âge. Il convient sans doute de recourir parfois à l'allégorie, à la fable, pour donner de sages leçons à l'enfance; mais c'est chose dérisoire que d'en user ainsi envers des adultes, hommes et femmes, que vous devez supposer aptes à percevoir ce qu'apparemment vous regardez comme la vérité. C'est un manque absolu de tact, un procédé de mauvais ton et d'autant plus bizarre, que vos fictions, absurdes quant au fond, sont en outre du plus mauvais goût pour la forme.

Telle est celle qui se trouve dans votre audacieux libelle contre les miracles en général et contre ceux de saint Martin en particulier. Pour frapper plus fort, sinon plus juste, suivant le conseil de Voltaire, sur l'imagination de vos lecteurs bénévoles, vous leur dites, avec un ton d'assurance qui d'ailleurs ne trompe personne, que vous êtes allé au champ de manœuvre tout exprès pour vous entretenir avec nos jeunes recrues de la conduite du catéchumène Martin, qui, après avoir servi durant trois années dans les rangs de l'empereur Julien, demanda son congé la veille d'une bataille mémorable. Vous ajoutez que ces juges, quasi imberbes, prononcèrent unanimement la peine de mort contre ce soldat de dix-huit ans, coupable d'une si grande lâcheté. Voilà un verdict qui n'est pas moins saugrenu que xotre démarche, et il faut que vous soyez bien crédule vous-même, pour nous su poser capables de souscrire sans contrôle ni conteste à de semblables billevesées, d'accepter de confiance et les yeux fermés des histoires à endormir la raison.

Que peut-on penser encore de cette autre fiction qui dépare ce qu'a pourtant produit de mieux votre plume, qui ne distille guère que du fiel? Je veux dire le premier et dernier numéro de votre publication ayant pour titre : *Les petites misères de la vie politique en Touraine.* Cette œuvre, à laquelle est accolée, par malencontre, la déclamation anticléricale d'un des vôtres, qui, comme vous, est atteint de

prétrophobie, se recommande néanmoins, soit dit en passant
pour vous rendre justice en tout, par les bonnes raisons que
vous apportez à la création d'un second journal à Tours,
dans lequel on pût relever et contredire les pauvretés et les
bévues de celui de la préfecture. Mais, encore une fois, se
peut-il que le dévergondage de votre esprit sans frein ni
règle vous ait fait imaginer, pour le plaisir de vos lecteurs,
qu'un bonhomme de plus de quatre-vingt-dix ans va rêver
dans la lanterne de Rochecorbon sur le passé, le présent et
l'avenir de la liberté en France ! C'est à ce Diogène, qui peut
bien avoir ses défaillances de raison et d'esprit, que vous et
vos consorts, ses secrétaires intimes, vous allez demander
vos inspirat'ons politiques. Quelle superbe mise en scène !
Mais c'est là encore une histoire qui n'est peut-être qu'une
fable comme celle de Cendrillon. Aussi n'en croyons-nous
pas un traître mot. Allons donc ! c'est par trop extravagant,
et à peine est-il possible que vous vous permettiez de telles
énormités. Hélas ! cher Monsieur, il est triste de voir que
le fantastique, la poésie, ne vous sert pas mieux que le
réalisme.

Ne soyez pas étonné, après cela, qu'on ne vous prenne point
au sérieux, et que plutôt on vous tienne pour un homme qui
cherche à se faire rire lui-même, s'il est possible, aux dépens
des personnes et des choses. Ne soyez donc pas non plus
surpris du coup qui est venu à l'improviste vous frapper
en pleine poitrine, un de ces matins, et qui paraît vous avoir
atterré comme aurait pu faire un coup de foudre. A présent
que vous êtes devenu calme, et que vous avez quelque peu
réfléchi forcément, sinon de cœur, vous devez comprendre
que vous l'avez bien mérité. C'est une tempête qui se conden-
sait au-dessus de votre tête; des carreaux qui s'amoncelaient
à votre insu, peut-être, ou que vous braviez, apparemment;
un orage qui grondait au loin, et qui a éclaté quand vous n'y
pensiez pas, comme il arrive presque toujours. Qu'ai-je
besoin de vous rappeler que le Calvaire n'est pas loin du

Golgotha, que la Roche tarpéienne est proche du Capitole, que toute médaille a son revers, enfin? Vous savez tout cela aussi bien que moi, sinon mieux, vous qui avez de la lecture, de la littérature, qui connaissez les hommes non moins que les choses et qui devez n'ignorer de rien, au jugement du chancelier d'Aguesseau.

Que le véritable écrivain, d'autant plus digne de la gloire, que, sans la dédaigner, il ne la recherche pas, se console de l'injustice des hommes qui la lui dénient de son vivant, à la bonne heure! Comme il n'écrit que pour acquitter sa dette, en mettant sa plume au service du bien, du beau, qui est, suivant Platon, la splendeur du vrai, le témoignage de sa conscience lui suffit, et il n'a garde de récriminer trop haut contre ses semblables, persuadé, après tout, que nul n'est bon ni méchant tout d'une pièce. Mais, à défaut de la vraie gloire, dont celui qui la mérite le mieux se passe fort bien, et qui adhère naturellement à la mémoire de ceux qui ont fait des actions dignes d'être écrites ou des livres dignes d'être lus, pour le dire avec Cicéron, il est évident que, depuis que vous habitez parmi nous, vous poursuivez par monts et par vaux la renommée, qui n'en est qu'une contrefaçon, un semblant, une ombre. Eh bien! ce semblant-là vient encore de vous échapper; cette ombre vient de vous être enlevée tout à coup, au grand ébahissement de vos admirateurs et de vous-même. Par malheur, vous ne le prévoyiez pas, aveuglé que vous étiez par l'amour-propre, ce grand mystificateur; mais ceux qui ont su lire dans vos précédents le redoutaient pour vous. La mesure était comble, et l'affaire Dalonneau, ou la procession de saint Marc à Tauxigny, est la goutte d'eau qui a fait déborder le vase trop plein.

C'est de votre part une grande faiblesse de cœur, ou une extrême petitesse d'esprit, peut-être les deux, que la peur qui s'est emparée de vous à l'endroit des processions. Eh, mon Dieu! outre que cette affaire-là n'est point de votre département, le mot signifie action d'aller en avant (*proce-*

*dere*). l'un après l'autre, voilà tout. Que l'on procède ainsi religieusement, civilement ou militairement, peu importe. Et vous voyez qu'il n'y a point là de quoi s'épouvanter. Est-il rien, que vous sachiez, qui soit plus inoffensif, plus innocent? Il y a quelques années, avant que les carrosses fussent d'étiquette pour la célébration de tout mariage en ville, les gens de la noce se rendaient processionnellement à la mairie, ensuite à l'église, et en revenaient de même, comme cela se pratique toujours à la campagne. Aujourd'hui encore, et plus que jamais, nos convois funèbres ne simulent-ils pas de véritables processions par leurs longues files de personnes en deuil qui suivent derrière le corbillard empanaché comme un dais?

Il y a eu des processions de tout temps, chez tous les peuples, et, si vous avez résolu d'en abolir l'usage, vous n'aurez pas bientôt fini, même en brisant avec la raison universelle. Vous avez commencé l'attaque par celle de saint Martin à Tours et elle n'en a pas moins eu lieu tous les ans, depuis, comme elle aura li eu de nouveau dans quelques jours, je vous le prophétise. Récemment, vous avez dirigé votre feu contre celle de saint Marc à Tauxigny, et je vous prédis qu'elle se fera l'an prochain, comme elle s'est faite de temps immémorial, ou plutôt dès le sixième siècle de notre ère, où elle fut instituée par saint Grégoire-le-Grand, à l'occasion de la peste qui désolait Rome.

Trève de plaisanterie, s'il vous plaît, Monsieur, et convenez franchement que vous n'avez pas plus peur que qui que ce soit de procession quelconque. Vous êtes trop bien constitué au physique et au moral, pour que votre pusillanimité aille jusque-là. Cependant, il y a des antipathies naturelles, instinctives, dont on ne se rend pas compte, et l'histoire en rappelle de mémorables exemples, de la part même de personnages fameux par leur esprit ou par leur bravoure. Il n'est donc pas impossible, absolument parlant, que la vue seule d'une procession religieuse impressionne péniblement votre système nerveux, ainsi que la vue d'un chat faisait tomber en syncope notre roi de France Henri III, de si pauvre mémoire. Eh bien! ia loi naturelle et les lois positives vous garantissent, comme à chacun en pareil cas, la ressource de rester chez vous, et de calfeutrer portes et fenêtres, pour ne rien voir ni entendre et vous êtes sans excuse si vous n'en profitez pas. Or, par une contradiction qui accuse la légèreté de votre caractère et le peu de logique qui préside à vos actes comme à vos discours, on dirait, au contraire, que vous affectez de courir après toutes les processions pour voir ce qui s'y passe et surtout pour épiloguer sur les filles, jeunes ou vieilles, brunes ou blondes, jolies ou laides. A moins que vous n'ayez dessiné d'imagination le tableau de celle de saint Marc à Tauxigny, ou que vous n'ayez là un correspondant, tel que Dalonneau par exemple, il faut que vous y soyez allé vous-même, pour vous donner le passe-temps de nous en représenter l'assistance de telle manière, que l'on se croit à la cour des miracles, cet asile immonde de tous les écloppés de Paris au moyen âge, ce réceptacle impur de toutes les difformités corporelles et morales, dont Victor Hugo nous fait une peinture si émouvante dans sa *Notre-Dame-de-Paris*. C'est ce que vous fait observer le judicieux et spirituel écrivain, homme suffisamment mâle, comme dit Rabelais, qui est descendu dans l'arène peut-être un peu pour venger l'injure que vous avez plaisamment jetée à la face de son pays natal. M. Albert Laville, votre jeune confrère, proteste, en termes convenants et en bon style, que la paroisse de Tauxigny ne surabonde pas plus que telle autre de tortus, de bossus, de perclus, de boiteux, de bancals, de bancroches, de contrefaits, etc. D'où lui viendrait, en effet, ce privilége? Là, comme ailleurs, se maintient l'harmonie du monde par les contrastes, les disparates, et, si vous y trouvez des figures qui vous font peur, il doit y en avoir qui obtiennent vos sympathies, ne fût-ce que celle de Dalonneau.

A propos de ce Dalonneau, et pour en venir à mon texte, souvenez-vous que vous avez à compter avec l'avocat que j'ai nommé plus haut, qui vous taillait des croupières dans le même temps où vous vous décerniez un brevet de civisme, qui vous tient aujourd'hui en échec, et qui, vous voyant immobile et muet comme un dieu antique, se flatte sans doute de vous avoir remis à votre place. Avez-vous désarmé, après avoir donné audience à vos pensées et pris conseil de vous-même? Ne répondrez-vous rien à la mercuriale que vous a faite l'avocat Albert Laville? Ce serait vous rendre à merci, vous avouer vaincu, et, dans tous les cas, votre abstention ne vous ferait pas honneur. Il y a des provocations si indécentes, si injustes, si grossières, si bêtes, qu'on n'y peut dignement répondre que par le mépris et le silence. Mais, aux yeux de tout le monde, même aux yeux de vos amis, qui, déjà, peut-être, filent à tire-d'aile devant votre défaite, comme les oiseaux de passage à l'approche de l'hiver, telle n'est point celle que s'est permise votre honorable adversaire. M. Albert Laville a usé d'armes courtoises, et vous a lancé, comme je vous l'ai dit tout à l'heure, en termes convenants et en style convenable. Quant aux quelques traits malins qu'il vous a décochés, c'est la coutume chez les avocats de se les passer entre eux.

Parce qu'il faut prendre soin et souci de sa réputation, vous êtes tenu à vous défendre, quand même, vite et bien, pour vous remettre en selle, pour détruire, ou du moins pour atténuer l'impression que sa brochure a causée dans le public, et qui est un soufflet sur votre joue. Sinon, je vous en préviens charitablement, moi qui ne vous suis de rien, vous serez à jamais entaché de félonie et de couardise. Si Voltaire, votre fétiche, était à votre place, nul doute qu'il ne tirât encore parti de l'embarras de la situation, et qu'il ne parvînt à obscurcir le sens commun à force d'esprit. Je suis sûr que là encore il aurait l'art de faire rire. Mais, si vous ne cédez point par l'intention au malin auteur de *Can-*

*dide*, vous ne le valez par l'esprit ni le talent, et je pense que vous n'êtes pas peu inquiet de savoir comment vous sortirez de ce mauvais pas, de ce défilé des Thermopyles. Tant et si bien, hélas! que c'est à jeter votre titre d'avocat par dessus les moulins.

M. Dalonneau, le héros de la pièce, n'est-il qu'un vaurien, un polisson, un mauvais sujet, oui ou non? Voilà ce que nous ignorons encore, nous autres qui ne savons du tout rien de ce qui s'est passé, et qui ne connaissons que par ouï-dire ce jeune homme devenu presque une célébrité contemporaine. A cette question, comme à une multitude infinie de ce genre ou autre, Hippocrate dit oui, Galien dit non, et un tiers, qui louvoie entre ces deux opinions extrêmes en y répondant évasivement, est loin de l'avoir résolue comme on résout d'ordinaire un problème mathé-mathique, à la satisfaction de tout le monde. De sorte que c'est un procès encore pendant, un problème qui menace d'être longtemps au concours. Ainsi, vous êtes en reste, vous et votre partie adverse, avec le public, qui, à son tour, est résolu à vous traîner de première instance en appel et en cassation, pour parler la langue judiciaire.

Par sa lettre à Mgr l'archevêque, laquelle n'est du tout, il est vrai, un chef-d'œuvre du genre épistolaire, mais dont vous parlez un peu trop irrévérencieusement, M. le curé de Tauxigny dénonce Dalonneau, en d'autres termes sans doute, comme la terreur, le fléau de sa paroisse, ni plus ni moins. A votre tour, il ne vous suffit pas de l'amnistier, mais vous l'innocentez sans plus, et le représentez, sinon expressément, du moins par insinuation, comme le meilleur enfant du monde. Et M. Albert Laville, qui, apparemment, garde la neutralité pour ne se commettre avec personne, n'en dit rien du tout, ou à peu près. Et voilà comme on écrit l'histoire! Ah! Molière, que n'es-tu là pour continuer la comédie humaine!

Puisque M. Albert Laville, pour quelque motif que ce soit

et devant lequel je m'incline, se récuse, comme un avocat
retors et madré, touchant la question personnelle du sieur
Dalonneau, le différend est à vider entre vous et M. le curé
de Tauxigny. Or, suivant cet ecclésiastique, respectable par
état et pour ses vertus privées, Dalonneau serait le plus mauvais de tous ses paroissiens ; une espèce d'esprit fort au petit
pied ; un libre penseur, comme cela s'appelle aujourd'hui ;
un incrédule en blouse et en sabots ; un philosophe en herbe,
méprisant à ciel ouvert les commandements de Dieu et ceux
de l'Église ; un garnement qui ne se contente pas de ne point
pratiquer pour son compte les devoirs religieux, mais qui, en
plus, se gausse insolemment du culte public, et se fait effronté-
ment le trouble-fête de son village. Voilà pourtant, Monsieur,
l'idée que nous avons de votre client, d'après l'acte d'accusa-
tion dressé contre lui par son curé, qui est son juge naturel en
fait de conduite religieuse.

Il me souvient qu'à l'occasion des obsèques de l'un de vos
coréligionnaires, vous jetâtes les hauts cris, tels qu'on n'en
pousse point lors même qu'on suppose la patrie en danger,
parce que la marche du convoi avait été un moment dérangée,
attardée, par le modeste équipage de Mgr l'archevêque, qui
passait par là et qui ne s'était seulement pas aperçu de
l'emportement de ses chevaux. A vous entendre, ç'avait été
un coup monté, et Mgr Guibert avait commis là une sorte
de sacrilége, un crime au premier chef. Ce fut au point qu'il
crut devoir protester publiquement de son innocence, en
s'expliquant, par la voie du *Journal de Tours*, sur la manière dont la chose était arrivée. C'était vraiment trop
d'humilité de la part de Sa Grandeur ; car personne ne
croyait à sa culpabilité, nonobstant votre prosaïque élégie
sur le respect dû à la cendre des morts. Il est des accusations
où l'odieux le dispute à l'absurde, et qui tombent d'elles-
mêmes, n'étant fondées que sur la calomnie et la sottise. Il
y a aussi des choses qu'on nie d'emblée, parce qu'elles sont

impossibles. Telle est l'intention que vous supposez, sans doute par ruse de guerre seulement, à Mgr l'archevêque, d'avoir fait mettre les chevaux à sa voiture pour aller tout exprès vous barrer le chemin et troubler l'ordre des funérailles auxquelles vous présidiez peut-être comme grand-prêtre.

Tant de fiel n'entre point dans l'âme d'un prélat,

Et je suis sûr que, de meilleur cœur que pas un, celui-ci vous veut encore plus de bien que vous-même ne lui voulez de mal.

Vous êtes si peu enclin et disposé à couvrir de votre manteau un évêque, ou un simple curé de campagne, pour le dérober aux regards du public, si vous le surprenez en faute grave, que vous ne lui pardonnez rien, et que vous interprétez à mal toute démarche de sa part. Faisant la contre-partie du docteur Pangloss, aux yeux de qui tout est pour le mieux dans le meilleur des mondes possibles, vous trouvez à redire à tout ce qui tient au clergé, et l'on peut croire que la mule du Pape ne trouve point grâce devant vous. Il importe grandement que MM. les ecclésiastiques s'observent, et que la condition à laquelle ils appartiennent soit encore celle qui abonde le plus en hommes irréprochables. Autrement, chose messéante à un puritain de libéralisme, votre fureur n'aurait point de bornes. Mais, que dis-je? Ne serait-ce point là, précisément, la raison pour laquelle vous les poursuivez de votre haine? Trop bien le savons; puisqu'il suffit d'être mal avec eux pour qu'on soit au mieux avec vous. Témoin, en particulier, M. Dalonneau.

Que M. le curé de Tauxigny et Mgr l'Archevêque de Tours aient méconnu l'égalité, qu'ils se soient trompés d'époque, en déférant ce jeune homme aux tribunaux, à cause de sa conduite peu chrétienne ou même anti-chrétienne, à l'endroit de la procession de saint Marc, on peut en convenir, et le tribunal qui a renvoyé de la plainte cet accusé, a été conséquent avec notre législation actuelle, qui consacre la liberté de conscience. Mais, d'autre part, s'il est vrai que Dalonneau ait affecté, ce jour-là, de jouir du bénéfice de la loi pour insulter à la religion du plus grand nombre, qu'il ait à dessein poussé brutalement son attelage au travers de la procession de sa paroisse pour afficher publiquement son impiété, et qu'enfin il ait répondu par d'insolents propos à quelques sages remontrances de son curé, digne à tous égards de son respect et de sa déférence, il n'est plus dès lors qu'un rustre, un malappris, ne tenant pas même compte de la politesse qui vient du cœur. Quoique dûment absous par le tribunal civil de Loches, il n'en est pas moins condamné à bon droit par devant celui de l'opinion publique, et vous n'ajoutez guère à la considération que vous ambitionnez, en le prenant sous votre *haute* et *puissante* protection.

Que si enfin, et au rebours, votre client n'est coupable que de s'être livré à ses travaux agricoles, au lieu d'assister à la procession de saint Marc, usant, en cela, de ia double permission de l'Église et de l'État; s'il est vrai qu'il n'ait pas été le maître de son attelage en cette circonstance, non plus que Mgr l'Archevêque ne l'a été de son équipage lors du fameux enterrement, et qu'il se soit renfermé dans les limites de l'exacte politesse envers M. le curé de Tauxigny. tous les torts retombent à la charge de ce dernier, qui, méchamment ou aveuglément, a imputé à son jeune paroissien une intention des plus malveillantes, et contre qui l'on peut retourner le *Much udo about nothing* (beaucoup de bruit pour rien) de Shakespeare, qui vous a été appliqué par M. Albert Laville. D'où il s'ensuit que c'est le droit et le devoir de Dalonneau d'exiger une prompte et éclatante réparation de l'offense faite à son honneur.

Cette dernière opinion est la vôtre, paraît-il du moins, et il ne tient pas à vous que nous n'en soyons persuadés nous-mêmes. A votre aise, cher monsieur Rivière! Mais là est le difficile de la chose, et vous n'êtes pas un assez puissant foudre d'éloquence pour remporter cette victoire comme par escalade. Par ainsi, Dalonneau reste à l'état d'étude, un problème à résoudre, non comme existant bel et bien en chair et en os, en corps et en âme, de quoi personne ne doute, pas plus que de la prise de Rome par Brennus et de la destruction de Carthage par le second Scipion l'Africain; mais comme être raisonnable, se conduisant dans la vie, et envers ses concitoyens, suivant les règles de la justice et de l'honnêteté. Ce problème, auquel nul de nous, que je sache, ne songeait pas plus qu'au Grand-Turc ou à la ville de Tombouctou, et qui est né de votre désaccord là-dessus avec M. le curé de Tauxigny, l'avocat Albert Laville semblait en mesure de nous en donner la solution, et nous l'avait comme promis par le titre même de sa brochure. Il ne l'a point fait cependant, et, encore qu'il faille respecter ses réserves, on peut le regretter, puisque par là il eût mis fin à ce scandaleux procès.

Comme il est d'ailleurs impossible que la chose en reste là, y allant de votre réputation et presque de votre honneur, il faut, bon gré mal gré, que vous réduisiez à néant la foudroyante plaidoirie de votre spirituel et malin confrère, sous peine d'être flétri dans la pensée de tout le monde, et il en serait ainsi, ou je ne suis qu'une bête. Aussi bien nous espérons qu'agissant de ce tour en toute loyauté et franchise, par noble vengeance, et contant la chose comme elle est allée, vous éluciderez l'affaire Dalonneau, sur laquelle plane une incertitude blessante pour toutes les parties intéressées. D'autant que cette affaire, qui défraie encore la curiosité publique, menace de s'éteindre dans la platitude, sous les sifflets. Nous pourrons alors rendre justice à qui de droit, en faisant la part à chacun des personnages plus ou moins importants qni y figurent, et dont aucun, je n'en doute pas, ne se soucie d'être aux autres un sujet de risée !

Tours, le 1ᵉʳ novembre 1866.